LK 869

NOTICE

sur

L'ÉGLISE CATHÉDRALE

de

BEAUVAIS.

A BEAUVAIS, DE L'IMPRIMERIE DE MOISAND.

Portail méridional de l'Église Cathédrale de S.t Pierre de Beauvais.

NOTICE
HISTORIQUE ET DESCRIPTIVE
DE
L'ÉGLISE CATHÉDRALE
DE
SAINT-PIERRE
DE BEAUVAIS;
PAR A. P. M. GILBERT,

MEMBRE DE LA SOCIÉTÉ ROYALE DES ANTIQUAIRES DE FRANCE.

BEAUVAIS.
MOISAND, Imprimeur-Libraire, rue du Sachet.
DUPONT-DIOT, Libraire, rue de la Taillerie.

1829.

NOTICE
HISTORIQUE ET DESCRIPTIVE
DE
L'ÉGLISE CATHÉDRALE
DE
SAINT-PIERRE
DE BEAUVAIS.

Depuis que la paix a rétabli les relations de la France avec les autres contrées de l'Europe, l'étude des monumens du moyen-âge, si long-temps négligée parmi nous, a été cultivée avec une ardeur à laquelle on ne saurait refuser de justes éloges, et un caractère véritablement national. L'admiration que manifestent les étrangers, à l'aspect de ces édifices, a excité notre orgueil, et reveillé l'attention sur le caractère original de leur structure : mieux appréciés, ils ont été l'objet de savantes recherches et de descriptions intéressantes.

Si la Normandie, a dit un savant étranger (1), est la *terre des Eglises et des Châteaux*, la Picardie ne lui cède en rien, par la multitude, la richesse et l'élégance de ses monumens religieux, parmi lesquels on doit distinguer les Cathédrales d'Amiens et de Beauvais, remarquables par la vaste étendue de leurs dimensions et la beauté de leur architecture. La Cathédrale de Beauvais n'a été décrite que très-superficiellement dans les ouvrages publiés sur cette ancienne cité. Le désir de faire connaître ce monument, m'a engagé à réunir dans cette notice, les détails les plus intéressans de son histoire et de sa structure, dans la vue de satisfaire la curiosité des amateurs.

Plusieurs auteurs prétendent que l'an 56 de Jésus-Christ, deuxième année de l'Empire de Néron, époque à laquelle les murs de la cité de Beauvais furent construits, l'eglise de la *Basse-OEuvre*, qui a précédé l'édifice actuel de la Cathédrale, fut aussi bâtie pour servir de temple aux payens, et cette assertion est, dit-on, fondée en

---

(1) Le révérend E. F. Dibdin, *Voyage bibliographique, archéologique et pittoresque en Normandie*, traduit de l'anglais, par Th. Licquet; Rouen, Frère, Libraire. 2 vol. in-8°. Les deux autres volumes ont été traduits par M. *Crapelet*, Imprimeur-Libraire, Membre de la Société royale des Antiquaires.

partie sur la conformité des travaux de maçonnerie, qui se manifeste aux yeux des connaisseurs dans l'inspection de leur construction respective.

Lorsque Saint Lucien, premier Evêque de Beauvais sous l'Empire de Dèce, vint y apporter la lumière de l'Evangile, vers l'an 245 (d'autres disent sous Julien l'Apostat), ce temple servit, dit-on, pendant long-temps de Cathédrale, et fut dédié par la suite sous l'invocation de la *Sainte Vierge et de Saint Pierre*. Cette ancienne église s'appelait la *Basse-OEuvre*, pour la distinguer de la nouvelle, que l'on désignait ordinairement sous la dénomination de *Haute-OEuvre*. Il est vraisemblable que la *Basse-OEuvre* était l'église baptismale de la ville, suivant l'ancien usage qui n'admettait qu'un seul baptistère dans chaque cité ; c'est la raison pour laquelle on y portait autrefois les enfans aux fêtes de Pâques et de la Pentecôte, en mémoire de cet ancien droit dont cette coutume était une espèce de reconnaissance. (1)

Quelle que soit l'assertion citée ci-dessus, il est reconnu que la construction de la *Basse-OEuvre* (sur l'emplacement de laquelle devait

―――――――
(1) *Supplément à l'histoire du Beauvaisis*, par Simon, Conseiller au Présidial de Beauvais. Paris 1704, pages 32 et suivantes.

être élevée la nef de l'édifice actuel) est incontestablement du troisième siècle ; les assises alternatives de pierres et de briques, la construction des ouvertures et des cintres, une espèce d'*Opus reticulatum*, qui couvre ses murailles, trois statuettes nues, placées au-dessus de l'arcade principale, les dessins du cintre de cette arcade, indiquent une bâtisse de cette époque. (1) Toutes les traditions s'accordent a dire que cet ancien temple payen fut converti en une église chrétienne vers le milieu du quatrième siècle, et servit de Cathédrale jusqu'à la fin du dixième siècle, époque vers laquelle on renouvela les anciennes églises, au rapport de Rodolphe Glaber, historien contemporain. (2)

Les premiers fondemens de l'ancienne Cathédrale de Beauvais furent jetés vers l'année 991, par Hervée, quarantième Évêque de cette ville. Roger son successeur, élu Evêque en 996, continua de faire travailler aux fondemens de cette église commencée par son prédécesseur ; l'on éleva huit piliers pour soutenir l'enceinte du

---

(1) Cet antique édifice sert maintenant de chantier à un marchand de bois.
(2) Glab. Radulph. *hist. sui temp.* lib. III, cap. IV. D. Bouquet, tom. X. pag. 29. — Cambry, *Description du département de l'Oise*. Paris, 1803, tom. II. pag. 223.

sanctuaire et ce qui compose l'ensemble du rond-point, à la suite desquels on ajouta sur deux lignes parallèles, de gros piliers sur chaque face, pour achever la construction du chœur.

Les statues des Saints, patrons du Diocèse, furent placées au-dessous des chapiteaux des piliers, et celle de Saint Lucien, premier Evêque de Beauvais, fut mise au premier pilier qui supporte l'une des deux retombées de l'arc ogive du fond du sanctuaire. Il y était représenté revêtu de ses ornemens pontificaux.

Cette Eglise, bâtie avec une sorte de magnificence par les Evêques Hervée, Roger et leurs successeurs, fut incendiée à deux différentes reprises en 1180 et 1225. C'est à cette dernière époque que Miles de Nanteuil, Evêque de Beauvais, entreprit de rebâtir sur un plan beaucoup plus vaste, celle que nous voyons aujourd'hui; pour lui en faciliter les moyens, il fut arrêté qu'il serait prélevé chaque année la dixième partie du revenu de l'évêque et des chanoines, pendant dix ans, et la première année des cures vacantes dans le diocèse. (1)

Comme les piliers du chœur avaient été placés

---

(1) LOUVET, *Histoire et Antiquités du diocèse de Beauvais*. Beauvais, 1635, tome II, pages 308 et 363. SIMON, *Supplément à l'histoire du Beauvaisis*, page 108.

à une trop grande distance l'un de l'autre, ils ne purent soutenir la voûte qui s'écroula, malgré les précautions que l'on avait prises en 1225, pour en prévenir la chûte, en plaçant des tirans et des chaînes de fer entre les deux murs de face, pour en empêcher l'écartement : on voit encore au-dessus des piliers du chœur, quelques-uns des crampons de fer qui servirent à accrocher les tirans. Les voûtes furent reconstruites et achevées en 1272, la veille de la fête de la Toussaint. Mais comme l'on n'avait pas employé les moyens susceptibles d'en assurer la solidité, elles s'écroulèrent de nouveau, douze ans après, le 29 novembre 1284. Leur chûte entraina celle de plusieurs piliers extérieurs, quelques-uns de ceux qui soutiennent les deux murs de face dans l'intérieur du chœur furent brisés. Cet accident ayant prouvé l'insuffisance des tirans en fer, pour empêcher le déversement des piliers, qui, par rapport à leur trop grand escarpement, et leur élévation extraordinaire, ne présentaient pas assez de résistance, pour contrebuter la poussée des voûtes, on prit le parti d'élever des piliers et des arcs intermédiaires de forme ogive, dans l'espacement des anciens piliers du chœur pour en fortifier les points d'appuis et empêcher toute espèce de mouvement. On employa quarante ans à ces réparations, et pendant cet espace de temps, on célébra l'office divin dans l'église de la *Basse-OEuvre*.

En 1338, l'Evêque de Beauvais et son chapitre, voulant faire achever le chœur de cette vaste basilique, choisirent Enguerrand, surnommé *le Riche*, architecte fort habile, pour l'exécution de cet important travail. Ses dessins ayant été agréés par l'Evêque Jean de Marigni, les travaux furent commencés et continués avec ardeur pendant plusieurs années ; mais les guerres intestines qui désolèrent la France à plusieurs reprises pendant plus d'un siècle, et l'occupation d'une grande partie de son territoire par les armées anglaises, interrompirent cette construction, qui ne fut reprise que le 21 mai de l'an 1500, sous l'épiscopat de Villers-de-l'Ile-Adam, qui posa la première pierre de la croisée avec un cérémonial pompeux, après avoir célébré la grande messe. Ce prélat fit aussi rebâtir la majeure partie du Palais-Episcopal, ainsi que le château de Bresles, maison de plaisance des Evêques de Beauvais.

Jean Waast, beauvaisin, et Martin Cambiche de Paris, tous deux architectes et maîtres maçons, furent chargés de diriger les travaux de la Cathédrale. Les maîtres de l'œuvre (disent les *registres du Chapitre*) gagnaient par jour cinq sous tournois et un pain de chapitre ; ils étaient en outre logés, et touchaient vingt francs par an. Les compagnons maçons gagnaient deux sous tournois par jour. La pierre de la carrière, dite de *Saint-Pierre*, coutait cinq deniers le pied de roi, et autant pour l'amener à sa destination. L'Evêque de Beauvais, accorda la permission de faire usage de beurre en carême à ceux qui contribueraient par leurs aumônes à l'exécution de cette grande entreprise. On faisait la *cueillette* (collecte) dans la ville et le diocèse ; mais en 1514, la charité des fidèles s'étant réfroidie, les travaux étaient près de cesser, lorsqu'on eut recours au roi Louis XII, qui accorda un octroi de deux deniers tournois sur chaque minot ou quintal de sel vendu dans ses greniers des généralités de Languedoc et de Normandie. Les libéralités du Roi se montent par les comptes de 1532, à 4,090 livres 9 deniers. La dépense de la même année pour la continuation des travaux de cet édifice, se monte à la somme de 4,955 livres 5 sous 4 deniers. François I contribua à ces dépenses, avec la même munificence que son prédécesseur.

Après le décès de Jean Waast et de Martin

Dessin du Clocher qui s'écroula en 1573.

Cambiche (1), Jean Waast fils, et François Maréchal, architectes-entrepreneurs de maçonnerie, eurent la conduite des travaux de la croisée de cette église, qui furent achevés en 1555. Mais au lieu d'achever la nef (dont ces architectes avaient commencé une travée), la renommée ayant publié les succès de Michel-Ange dans la construction de la coupole de Saint-Pierre de Rome, ces architectes voulant prouver que le style gothique était susceptible d'égaler les ordres grecs et romains en hauteur, élevèrent au-dessus de la partie centrale de la croisée, une tour pyramidale de 288 pieds de hauteur, et dont la base avait 48 pieds de largeur sur chaque face. La tour qui servait de base à cette pyramide, percée à jour de toutes parts, étoit ornée de vitres peintes, et ses quatre angles surmontés d'obélisques qui se rattachaient au corps de la pyramide octogone, par plusieurs arcs très-délicats. L'intérieur de cette tour était voûté en ogive, on pouvait en considérer toute

---

(1) Indépendemment des travaux de la Cathédrale de Beauvais, dont Martin Cambiche ou Cambriche eut la direction, le Chapitre de la Cathédrale de Troyes traita en 1508, avec cet architecte, pour conduire ceux de la tour de Saint-Pierre de la même église, élevée sur ses dessins, et dont les fondemens avaient été jetés en 1506. GROSLEY, *Ephémérides Troyennes*. Paris 1811, tome II. pages 269 et 270.

la hauteur, dans l'église. On peut juger de l'effet imposant que devait produire l'aspect de cette tour pyramidale, qui s'élevait, y compris la croix, à 455 pieds au-dessus du sol de l'édifice tant il est vrai que la direction vers le haut prédominait dans toutes les proportions de ces édifices, et les lignes perpendiculaires et pyramidales dans tous les autres membres. Ce fut par la grande élévation que les hommes de ces temps reculés, cherchèrent à imprimer une haute idée de la majesté divine, en frappant les yeux d'étonnement par la hauteur prodigieuse qu'ils donnèrent à leurs tours.

Dans les jours de solennités religieuses, on plaçait au milieu de la pyramide une grande lampe ardente, et cette espèce de phare, que l'on apercevait à de très-grandes distances, semblait indiquer que le temple du Seigneur est le véritable port du salut. (1)

Cette tour pyramidale qui fut treize ans à bâtir, ne subsista que cinq ans, elle s'écroula en 1573, le jour de l'Ascension, tandis que le clergé

---

(1) Le dessin de l'ancien Clocher, d'après lequel on a réduit celui de la lithographie qui orne cette notice, a été communiqué avec beaucoup d'obligeance par M. *Dorgebray*, Capitaine de cavalerie en retraite, à Saint-Lucien, près Beauvais. Cet amateur possède également plusieurs autres dessins de cet Edifice, tant des parties exécutées que de celles qui avaient été projetées, pour complèter son ensemble.

et le peuple étaient à la procession que l'on faisait dans la ville. La veille, vers le soir, quelques petites pierres se détachèrent par intervalles, de la tour, et furent les tristes préludes de cet accident. Le jour de l'Ascension, le maître maçon de l'édifice, chargé de faire la visite de la tour, y monta; s'étant aperçu du danger imminent qui la menaçait, il cria au peuple assemblé dans l'église, qu'il eut à se retirer très-promptement; il n'était pas encore descendu, lorsque la tour s'écroula avec un fracas épouvantable qui couvrit la ville d'une poussière épaisse. Mais heureusement les fidèles qui suivaient la procession, avaient eu le temps de sortir de l'Eglise sans éprouver aucun accident. La chûte de cette tour, qui avait été prédite, fut provoquée faute d'avoir contrebuté la poussée extraordinaire des deux gros piliers du côté de la nef, en élevant préalablement les murs de cette partie de l'église, dont la résistance aurait empêché le déversement de ces piliers sur lesquels s'appuyait d'un côté la base de la tour pyramidale. La cause de la chûte de l'un des piliers fut également attribuée au vide ménagé dans son épaisseur, pour y pratiquer un escalier, ce qui contribua à l'affaiblir. (1)

---

(1) LOUVET, *Histoire et Antiquités du diocèse de Beauvais*. Tome II. pag. 637 et 638.

On s'empressa de déblayer l'église des décombres, et de procéder à ses réparations. Pour fermer la partie centrale de la croisée que l'écroulement de la pyramide avait laissée à découvert, on construisit une voûte en bois, semblable à celle du chœur; le comble fut refait, et l'on éleva au-dessus un clocher couvert en plomb pour remplacer l'ancien. En 1576, on y plaça quatre cloches qui avaient été bénies le 30 septembre de la même année. Ces réparations furent faites avec les libéralités du roi Charles IX, et du cardinal Charles de Bourbon, Evêque de Beauvais.

Les voûtes de la croisée, qui avaient été aussi endommagées, par suite de cet événement, furent réparées jusqu'au portail du côté de la rue Saint-Pierre, que l'on devait à la munificence du roi François I. Ce monarque voulant manifester sa reconnaissance envers le Chapitre de la Cathédrale, dont il avait reçu des secours, (1) le fit terminer au retour de sa captivité en Espagne, qui eut lieu en 1525.

La croisée de l'église étant achevée, on continua à élever les deux premières travées de la

---

(1) Le Chapitre offrit à l'Etat une partie des richesses du trésor de son église, pour subvenir aux frais de la rançon du Roi François I.

nef du coté du chœur, dont les fondemens avaient été jetés depuis long-temps; mais l'insuffisance des sommes destinées à cette immense construction, forcèrent l'Evêque et le Chapitre de suspendre les travaux et de faire clorre par un mur de refend qui s'élève jusqu'à la voûte, cette partie de l'église qui est restée imparfaite jusqu'à ce jour, et qu'il serait à désirer que l'on achevât, pour compléter l'ensemble de cet édifice, qui offrirait un aspect admirable.

DESCRIPTION DE L'ÉGLISE.

TABLEAU DES DIMENSIONS.

	pieds	pouces
La hauteur de l'Eglise depuis le pavé jusqu'à la voûte, à prendre entre les quatre piliers qui sont aux angles de la croisée....................	144	″
Celle du chœur, *idem*................	142	″
Epaisseur de la clef.................	3	6
Depuis l'extrados de la voûte jusqu'au faîtage du comble................	34	1

	pieds	pouces
Longueur intérieure du chœur, depuis la grille d'entrée jusqu'à son extrémité, entre les deux piliers derrière le maître-autel....................	110	"
Largeur du chœur entre les murs de face...............................	48	"
La distance entre les piliers, et ceux qui forment l'extrémité du rond-point...............................	13	"
La distance depuis la grille d'entrée du chœur, jusqu'au mur de refend qui ferme la partie de la nef déjà construite, et qui consiste dans deux travées...............................	76	"
La Nef projetée devait avoir de longueur...............................	162	"
Sa largueur devait être de...........	48	"
Il en résulte que cet édifice aurait eu de longueur totale....................	359	"
La longueur intérieure de la croisée, depuis la porte méridionale jusqu'à la porte septentrionale............	176	2
Largeur de la croisée entre les gros piliers	37	6
Le diamètre des quatre gros piliers de la partie centrale de la croisée, savoir trois de 11 pieds, et un de 12 pieds.		

	pieds	pouces
Les bas-côtés qui régnent au pourtour du chœur, ont de hauteur sous clef de voûte..................	65	4
Largeur des bas-côtés entre les piliers.	21	″
Les distances entre les piliers varient, selon les différents diamètres que présentent les piliers ou colonnes qui entourent le chœur.		
Hauteur des voûtes des Chapelles qui entourent le chœur.............	29	″
Profondeur des Chapelles...........	20	″
Toutes les Chapelles sont d'égale profondeur, même celle du fond du chevet, qui n'excède pas, comme à la Cathédrale d'Amiens, la profondeur des autres.		
Largeur des Chapelles...............	27	″

EXTÉRIEUR DE L'EDIFICE.

Ce vaste Edifice fut entrepris avec la prétention de surpasser par ses dimensions extraordinaires, les autres temples de style gothique, et c'est pour cette raison que les Evêques de Beauvais se mirent dans l'impossibilité d'en achever la construction. Leurs revenus quoiqu'assez considérables, ni ceux du Chapitre ne se trouvant pas en proportion avec l'immensité des travaux, il en est résulté que cet édifice, qui serait, s'il eut été achevé, l'un des plus vastes de l'Europe, est encore, quoique fort incomplet, l'un des plus remarquables, par sa prodigieuse élévation et par la délicatesse de sa structure. Les événemens qui nuisirent les plus à l'achèvement de cette eglise, furent les guerres de religion qui survinrent vers le milieu du seizième siècle, et qui paralysèrent la plupart des entreprises de ce genre. (1)

La façade principale du côté de la rue Saint-Pierre, d'une porportion colossale, présente dans toute son étendue, tout ce que l'architecture gothique, quoique sur son déclin, peut offrir de plus riche et de plus élégant. La beauté de sa structure se ressent de la munificence royale d'un prince qui voulait imprimer un cachet de gran-

---

(1) Cette circonstance ne paraîtra pas surprenante lorsque l'on saura que la cathédrale de Cologne, chef-d'œuvre d'architecture gothique (dont le chœur seul a été bâti), n'a pu être achevée malgré la puissance et les immenses revenus des princes Electeurs. Voyez le magnifique ouvrage publié par M. SULPICE BOISSERÉE, intitulé : *Histoire et Description de la Cathédrale de Cologne*, avec les vues, plans, coupes et détails de cet édifice, etc. Grand in-folio. Stuttgard. 1825.

deur et de somptuosité à tous les travaux exécutés par ses ordres, et qui fut si bien secondé par les artistes qu'il employa.

Les deux piliers angulaires qui flanquent la façade, sont enrichis depuis leur base jusqu'au sommet, de niches richement décorées de frises fleurdelisées, de colonnes très-déliées, de rosaces, et autres membres d'architecture, surmontés de couronnes royales, d'une très-grande proportion et d'une forme extrêmement élégante. Il est à regretter que toutes les statues qui décoraient le fond du cadre ogive et le pourtour des arceaux de la voussure du portail aient été détruites. On monte par onze marches en pierres pour arriver jusqu'au perron. Les deux vantaux de la porte dédommagent en quelque sorte de la perte des figures et des bas-reliefs, par la richesse et le bon goût des sculptures. Les salamandres que l'on y aperçoit, indiquent qu'elles furent exécutées sous le règne et par les libéralités du roi François 1er. Le dessin des figures et des ornemens paraît être du Primatice ou du meilleur de ses élèves : quelques-uns en attribuent l'excution à Jean Goujon.

La façade septentrionale de cette cathédrale, située à l'opposite de celle-ci, dite de la *Basse-OEuvre*, n'offre pas la même richesse, quoiqu'également du seizième siècle. Les grands contre-forts qui servent d'appuis à la façade, sont lisses et sans sculptures. Dans le tympan du portail au fond du cadre ogive, on voit un arbre généalogique dont les écussons ne portent aucune armoirie. On avait vraisemblablement l'intention d'y faire sculpter ceux des bienfaiteurs de cette église, lorsque les travaux du bâtiment furent généralement arrêtés. On monte à ce portail par un perron composé de quatre marches.

Le pourtour de cet Edifice est environné d'une multitude d'arcs-boutants, d'une structure hardie, dont les piliers butants, disposés en retraite, ont tout au plus 3 pieds d'épaisseur, et sont surmontés de très-jolis clochetons. Ces arcs-boutans servent à contrebuter la poussée des voûtes; ils sont maintenus dans leur écartement par de grosses barres de fer pour en empêcher le déversement. Deux galeries placées, l'une à hauteur des combles des bas-côtés, et l'autre autour du grand comble, servent à circuler dans le pourtour de l'édifice.

La masse de cet édifice s'unit à tous les paysages qui l'environnent; elle s'élève d'une manière imposante, et marque au milieu des tours et des maisons de la ville, comme un chêne majesteux dans un bosquet de coudriers;

quel effet elle devait produire avant la chûte de sa flèche !

La couverture du grand comble est totalement en plomb, ainsi que celle du clocher bien peu digne d'un aussi majestueux édifice.

Les lanternes, les roses, les pyramides, les pendentifs, et généralement tous les ornemens extérieurs, sont d'une recherche et d'une délicatesse extraordinaires : on sait qu'on a toujours vanté comme merveilles de la France, les Clochers de Chartres, le Portail de Reims, la Nef d'Amiens et le Chœur de Beauvais.

Depuis la révolution on a démoli une ancienne tour fort basse qui était située près du portail méridional. Cette tour qui servait de campanille pour la sonnerie de la Cathédrale, était surmontée d'un comble pyramidal en charpente.

INTÉRIEUR DE L'ÉGLISE.

L'intérieur de cette Basilique, qui a 144 pieds de hauteur sous clef, sur 48 pieds de largeur entre les murs de face, offre par le grandiose de ses proportions, un aspect vraiment majestueux qui saisit d'étonnement et d'admiration, lorsqu'on pénètre dans son enceinte. Elle présente dix-neuf arcades ogives, un rang de galeries et un de fenêtres d'une très-grande dimension, et dont les compartimens en pierre sont d'une extrême délicatesse. Indépendamment de cette galerie, il en existe une autre petite au-dessus du pourtour des arcs ogives du bas-côté qui environne le chœur, autour duquel règne un rang de neuf chapelles.

L'escarpement des piliers des deux faces latérales du chœur, ayant occasionné des lézardemens assez considérables, on fut obligé, comme nous l'avons dit, de doubler le nombre des arcs ogives, et de construire des colonnes intermédiaires, qui n'étant pas de la même proportion que les autres, produisent une discordance désagréable à l'œil, qui est également choqué du rétrécissement des arcades dont la subdivision nuit à ce caractère de hardiesse et d'élégance qu'elles offriraient, si l'architecte n'avait pas eu la témérité de donner aux premiers entre-colonnemens une largeur disproportionnée.

Cette église est éclairée en partie par de magnifiques vitraux peints, la plupart exécutés à la plus belle époque de la peinture sur verre.

On croit que ceux qui décorent les roses du nord et du midi, sont de Jean et de Nicolas Lepot, très-habiles peintres sur verre. La rose du Nord est d'un très-agréable effet ; le soleil répand ses rayons au milieu d'un ciel étoilé : au-dessous de ce brillant tableau, on a placé plusieurs sibylles ou prophètesses.

Dans la rose du Sud, le peintre a représenté des Saints et des Prophètes ; on y aperçoit aussi le portrait du fameux Jean-François Fernel, médecin de Henri II ; c'est un hommage rendu au plus habile médecin de son temps, né en 1496, à Montdidier (Somme), à dix lieues de Beauvais.

On voit de fort-belles vitres peintes dans la chapelle de Saint-Pierre et de Saint-Paul. Le Saint Paul est dessiné dans une attitude aussi noble que les apôtres de Raphaël. On remarque un très-beau Saint-Jean à côté de ces apôtres ; il est d'Angrand ou d'Enguerrand Leprince, autre peintre sur verre fort habile, mort en 1530.

Au-dessus de l'autel de Sainte-Barbe, sont un Crucifix, un Saint Christophe et un Saint Hubert, d'après les dessins d'Albert Durer, qu'on croit d'Angrand Leprince. Dans la même chapelle se voit la Sainte Vierge contemplant Jésus-Christ descendu de la croix, placée entre le donateur de ces vtires et de sa femme.

Tous ces morceaux du seizième siècle, sont très-recommandables par leur dessin, par leur couleur et leur effet général.

Près de la rose et sur la douelle de la voûte de la croisée septentrionale, on voit la date suivante : 1550; sur celle qui est à la proximité du chœur, l'année 1577. Sur la voûte des deux premières travées du chœur, on aperçoit la date répétée deux fois : 1575; ces deux dernières dates indiquent l'époque de la construction de ces voûtes après la chute de la grande tour pyramidale dont on a parlé ci-dessus. Les deux premières dates sont également celles de la construction des voûtes de la croisée.

Le buffet d'orgues, dont l'origine remontait au seizième siècle, n'avait sans doute été placé que provisoirement sous la première arcade du second bas-côté du chœur.

Les changemens successifs qu'il subit, ayant détruit l'intérêt qu'il aurait offert comme monument de l'art, s'il avait pu être conservé intact, et l'état de vetusté où il était faisant craindre sa chûte, on résolut de le reconstruire en 1826. On eut alors l'intention de le mettre en face du chœur; mais le défaut d'un point d'appui assez solide, la nécessité qu'il y aurait eu de construire un mur en pierre au lieu de la cloison de bois qui existe, les dimensions colossales qu'il eut fallu donner à la montre pour la mettre en rapport avec la place qu'elle eut occupée, et les dépenses excessives que tout cela aurait entrainé, firent renoncer à ce projet, et le nouvel orgue fut reconstruit à la place de l'ancien. Les figures qui ornaient la balustrade, ont été conservées et placées dans les claires-voies de la partie supérieure du buffet.

Les travaux de la reconstruction de cet orgue, pour ce qui concerne la facture, ont été confiés à M. Cosyn, facteur d'orgues de l'Académie Royale de musique. Cet instrument est un grand seize pieds des plus complets qui existent. Il est le premier où l'on ait introduit des jeux expressifs qui, par leur combinaison avec les jeux de fond, corrigent ce que les anciennes orgues présentaient de monotone, et produisent des effets entièrement neufs.

Toutes les arcades du chœur sont fermées par des grilles en fer. Au-dessus de ces grilles, et sur les deux faces latérales, sont tendues huit belles pièces de tapisseries de la manufacture de Beauvais, représentant plusieurs sujets de l'ancien et du nouveau testament, et les actes des apôtres d'après les cartons de Raphaël.

On a supprimé fort judicieusement depuis la

révolution, le lourd jubé de style moderne qui obstruait l'entrée du chœur, et l'on a mis dans l'espace qu'il occupait une grille en fer d'un goût bien mesquin.

Le Maître-Autel et les peintures imitant des panneaux de menuiserie, qui servent de revêtement à la partie inférieure des colonnes du sanctuaire, n'offrent rien de remarquable, les colonnes produiraient un meilleur effet sans cette décoration parasite et de mauvais goût.

On voit dans les chapelles à droite du chœur, plusieurs tapisseries curieuses et intéressantes, parmi lesquelles on en remarque une d'une seule pièce, et divisée en trois parties. Elle représente l'origne fabuleuse des villes de Paris, de Troyes et de Beauvais. Cette tapisserie exécutée vers le commencement du seizième siècle à la manufacture d'Arras, présente des costumes de cette époque extrêmement élégants. Dans le bas-côté qui est à l'opposite, on voit également d'autres tapisseries dont l'une représente la ville de Reims ; le roi Remus, prétendu fondateur de cette ville, y est représenté, et par un anachronisme assez bizarre, le fameux portail de la cathédrale de cette ville n'a pas été oublié dans ce tableau.

Sur une autre pièce de tapisserie, le subtil Samothès tient cinq lettres à la main, A, B, C, D, E: il est réputé pour être l'inventeur des lettres galates qui se répandirent dans l'Asie, et que Cadmus porta dans la Grèce. Il est assez curieux de voir à cette époque réculée, quels étaient les progrès de nos pères dans les sciences.

Plusieurs contrées, la Gascogne, la Bretagne, avec le Rhône, sont tracées sur ces tapisseries ; on y remarque un Jupiter Celte : ces lambeaux sont assez bien exécutés et intéressans pour l'histoire.

Sous le second bas-côté à gauche, se voit le tombeau, en marbre blanc, du cardinal de Forbin de Janson, Evêque de Beauvais, mort à Paris le 24 mars 1713, à l'âge de 83 ans. Ce monument fut exécuté par Nicolas Coustou, statuaire, terminé et mis en place en 1738, par Guillaume Coustou son frère. Pendant les événemens de la révolution de 1789, il fut démonté et déposé dans la sacristie ; il a été replacé en 1804. Le Cardinal de Janson est à genoux devant un prie-Dieu. Cette statue, qui a 6 pieds de proportion, est placée sur un piédestal en marbre qui se termine en console.

Près du tombeau du Cardinal de Janson, se voit un petit cabinet d'horloge de style arabesque, dont le mécanisme fait mouvoir un carillon. Ce Cabinet est surmonté d'un dais de style gothique d'une forme élégante.

Avant les événemens de la révolution, cette église renfermait plusieurs monumens de sculpture et d'orféverie du moyen-âge aussi précieux pour la richesse de la matière, que par leur antiquité, le bon goût et la variété de leur composition. Des châsses d'argent doré, des pierres gravées, des reliquaires travaillés avec beaucoup de recherche et de soin, d'anciens émaux, des croix, des ostensoires, des calices, des bustes d'argent, des tombes sculptées; les tombeaux de Philippe de Dreux, et de Roger de Champagne; et une multitude de chartes, auraient également fourni de précieux documens aux antiquaires et aux artistes, pour lesquels ces monumens curieux seraient aujourd'hui du plus haut intérêt, si l'avide rapacité des Erostrates modernes n'eut tout détruit.

C'est ainsi que l'antiquité s'éloigne de nous, et que ses restes mutilés s'effacent plus encore par la barbarie et l'inertie des hommes, que par la main du temps. Entourons donc d'un respect religieux les monumens qui nous en restent, empressons-nous de les restaurer, afin d'offrir aux investigations des générations futures d'utiles sujets de recherches et de méditations sur la marche et l'état des arts dans les siècles ténébreux du moyen-âge!

Telles sont les particularités les plus intéressantes que nous avons pu recueillir sur l'oglise cathédrale de Beauvais, qui, en vertu du concordat conclu en 1817, entre la Cour de Rome et le Gouvernement Français, a été réintégrée dans la possession de son siège épiscopal, occupé aujourd'hui par un prélat aussi recommandable par ses vertus que par ses talens, dont l'Eglise et l'Etat s'honorent à la fois, depuis que le Roi dans sa sagesse l'a appelé dans ses Conseils.

www.ingramcontent.com/pod-product-compliance
Lightning Source LLC
Chambersburg PA
CBHW070705050426
42451CB00008B/505